JN439554

초연한 사랑

초연한 사랑

김금재 제5시집

신아출판사

■ 책을 펴내면서

저의 졸작 제4시집 ≪봄날 그리고 봄새 되어≫에 이어 제5시집 ≪초연한 사랑≫을 펴내게 되었습니다. 제4시집을 낼 때 인용한 미국의 수필가 J · B 프리스틀리의 "애당초 글을 쓰지 않고 살 수 있다면 … 중략 … 무조건 써라. 아무도 읽어주지 않아도 그래도 써라. … 중략 … 전혀 희망이 보이지 않아도 써라."라는 말이 제5시집의 시작詩作에도 계속 유용한 용기의 지침서가 되어 이 말에 힘입어 시를 쓸 수 있었기 때문입니다.

나이만 먹다가 어느덧 회갑을 맞아 세월을 돌이켜보니 '무엇인가 되기' 위한 삶으로서만 안간힘 써온 시간들이었습니다. 이제는 무엇인가 되기보다 그냥 사람으로 살면서, 사람을 생명으로 채워가는 것은 정작 사랑일진대 그런 사랑들을 하며 살고 싶어서 시집 이름도 '초연한 사랑'으로 정했습니다.

어떤 분은 "어쩌면 우리 인간 모두는 그냥 인간(인격체)이 되어 사랑만 하고 사는 것이 한없이 훨씬 더 어려우니까 차라리 '그 어떤 무엇'이 되면 충분한 것처럼 생각하는 것 아닌가 싶다."라고 했습니다. 저도 예외는 아니기에 자신의 착각된 무엇에 대한 환상으로 살아왔는지도 모르겠다는 반성을 하면서 이제는 그냥 사람으로 살면서, 자아가 죽는 초연한 태도가 아니면 사랑하는 것도 어려울 것 같아서 '초연한 사랑'을 생각했습니다. 시詩사랑도 곁들이면서요.

어떤 시인은 시는 사람의 숨결, 즉 호흡과 같은 것이라 했으니까요. 그래서 시작詩作으로 나온 생각들을 졸작들이나마, 그냥 살아가는 일상의 시 언어로 그려보았습니다.

가톨릭 신학자 칼 라너 신부님은 “시의 언어는 원초적이며 살아있는 언어이다. 진정한 시인은 존재 근원으로부터 산生 언어로써 일을 하므로 사제와 같은 사람이다.”라고 말했습니다. 저로서는 이 이상理想에 도달하기는 매우 요원합니다. 또한 어느 시인은 “인생은 노래로 불리지 않으면 안 된다. 시·음악·예술이라는 것들이 없다면 인생은 단순한 공리적功利的인, 견딜 수 없는 것이 될 것이다. 그래서 오늘날 시인과 작곡가는 그러한 필요를 충족시키기 위해 그들이 할 수 있는 한限의 일을 하고 있다.”라고 했습니다. 그렇지 않으면 영혼의 가뭄을 초래시킬 수도 있기 때문일 것입니다.

저는 이런 기능에도 멀기는 마찬가지입니다.

어떤 작가는 “좋은 시, 좋은 글은 갖가지 향기를 지닌 한 다발의 꽃을 영혼의 항아리에 꽂아두는 것과 같다.” “시인은 가도 아름다운 시는 남는다.”고도 했습니다. 이는 시로써 마음과 혼을 담아내어 빛, 희망, 사랑, 아름다움을 발하고 전하기 때문일 것입니다. 하여 저는 가끔, 때로는 매일 이런 시를 읽고 감분에 젖어보며, 의욕意慾으로 생기 얻으며, 비록 제 시는 비록 꽃다발 같은 시가 되지는 못해도 그냥 사람으로 사는 생활에 소박하고 아름다운 시심을 함께하며, 시를 통한 서정과 정신의 작은 샛강 같은 소통행위를 하고 싶다는 극히 소박한 의미입니다. 어떤 형태로든지 소통함으로써 숨을 쉬며 사랑의 삶을 활기차게 해보려는 언어행위의 작은 몸짓으로 말입니다. 또한 고독한 스스로를 위로하려는 언어 몸짓이기도 합니다. 더 말하자면 심령의 고백입니다.

오늘날까지 베풀어 주신 모든 은총과 아울러 제5시집까지 낼 수 있게 해주신 주님께 진심으로 감사올립니다. 출판사 임직원 여러분께도, 이 책을 읽게 될 여러분께도 감사드립니다. 많은 지도 편달 바랍니다.

2009. 10월 가을날

김금재

| 차례 |

제1부

제2부

제3부

제4부

제1부

항상 기뻐하라

- 웃음꽃

오늘
기쁜 얼굴 같은 햇빛 숨고 화난 얼굴처럼
검회색 구름 가득한 날씨

평생 살아온 날들의 내 마음 한켠 같다

아름다운 것들을 얼마나 많이 지나쳤기에
작고 흔한 세 잎 클로버 같은 행복들 무시했기에

이것만 이루면 기쁘겠지 기뻐하리라
저것만 얻으면 웃으리라 웃을 수 있겠지
또 이것만 저것만 하다가…

이제껏 마음, 작은 손바닥만큼이라도 펴놓고
가슴속 깊이 태양은커녕, 작은 주먹만큼이라도
웃지 못한 삶의 시간들

어리석음이여
어리석음이여!

조건으로 웃고 기뻐하고 즐거울 양이면
인생살이 통틀어 몇 번이나 있을까나

'매사에 감사'
'항상 기뻐하라'
정황에 맞지 않다고
무시했음이라

웃자 웃자 기뻐하자
반푼수가 될지라도
핏줄 같은 주님 말씀
내 마음에 접목시켜

말씀으로 기운 차려
허리 펴고
가슴 펴고
낯꽃 펴서 목청 돋우어
웃고 살리다

빛처럼 웃자
배꽃처럼
능금꽃처럼

웃으면 한恨도 녹으리라
웃어서 행복하리다.

체념

새해의 결심들이
낙화 지듯 하나씩 하나씩
무너진다

살면서 대하는 사람들에서
크고 작은 상처와 아픔들을

분노와 서글픔 실망 대신
온유와 인내로 대하려 했건만

혐오와 절망만 커져 가고
열린 마음보다 시들어 오므라지는 꽃처럼
닫히는 심령이 되어가고

하여
무력감 옹졸함 좌절이
나를 슬프게 한다

생각과 날들이 고양이 발톱에 할퀴듯 긁힌다

언제나
신의信義를 저버린 사람
미웁던 사람
몹쓸짓했던 원수 같은 사람

이들 모두를 어디서 만나든
물에 새긴 글씨처럼

아무렇지도 않은 심정으로
만날 수 있을까

나의 실의失意마저 그리움 꽃이 되기를
하나씩 둘씩 피어나는
죽은 매화 등걸이 피우는 꽃처럼

하여
그 사람들도 나도
모두가 불쌍한 사람들임을
깨닫게 될까

그들도 이웃 사랑으로 품어야 하는
사람들임을…

신神이시여! 성령이시여!
창공처럼 너른 마음을 갖게
하소서
당신 닮은 마음 되게 하소서.

초연하는 사랑하게 하소서

주님
반석에 집 짓고
희망을 하늘에 두었다 하면서도
실재實在는
푸석한 반모래땅에 마음집 짓고 사는 꼴입니다
물질과 돈 생각에 묶여 희뿌연 마음이고
보이는 것들에 걸리어서

때론
주님도, 영원도, 귀찮아 하는 생각도 번뜻거립니다
상처, 한恨, 게으름, 실의, 좌절이
당신에게서 저를 떼어놓곤 하려 듭니다
생활을 답답하고 힘들게 한다는 내적 유혹 있기도
오히려
주님은 생각, 말, 이상, 희망과 꿈의 지평을
세상 끝까지, 하늘 속까지 펼쳐 놓으셨는데도요

주님
당신에게서 저를, 저에게서 당신을 멀게 하는 것들을
모두 없애 주소서
당신의 말씀, 목소리, 당신의 촉구, 인내, 자비와 사랑을
남용하거나, 하찮게, 무시하지 않게 해 주소서

주님
당신을 믿고 알고 바라고 사랑하고 당신의 현존을 잃지 않고
의지하고 신뢰하며, 당신으로 하여 존재할 수 있는 것을
방해하는
모든 유혹과 악에서 매일 매일 벗어나게 해 주소서
무엇보다
사랑은 모든 진리의 총합임을 항상 성령께서
일깨워 주소서

모든 것을 초월하여
사랑의 갈망만이 저의 생활을
이끌어가는 원동력이게 하여
주소서.

국화꽃들 속에서

한 송이 국화꽃을 피우기 위해
소쩍새 피울음 울었다는데

함평의 국화꽃들 피우기 위해
아름다운 마음들의 가슴 조이는 밤들을
얼마나 보냈을까나

가을바람에 국화향 실어 보내
예까지 꽃님들 보러 왔다네

머~언 계절 돌아와 차가운 늦가을에
고귀한 영혼의 투영인 양 고아高雅하게 피어난
한 송이
백만 송이
억만 송이 국화로구나
국화꽃들의 잔치로구나
꽃바다로구나
예쁜 꽃잎 귀부인의 화관 같기도
소박한 여인의 기품 있는 모습 같기도

고운 빛깔들 지상의 모든 빛깔 담아
피워냈는가
노오란색 연보라색 진보라색 꽃자주색 하얀색 꽃들
꽃으로 꾸민 꽃담 꽃집 꽃궁전 꽃숭례문 꽃등불
하늘까지 아름답게 꽃빛 물들어가는구나

나비도 꽃잎에 입맞춤으로 꽃빛 향기 실어 나르며
분주한 꽃나비가 되네
사람들도 꽃물 들어 꽃들이 된다
꽃웃음이 펴져 간다

꽃눈물이 난다
국화꽃 가마 타고 하늘 가신
어머니
꽃눈물 속에 아른거린다

기쁨의 꽃바다는 까닭 모를
그리움 물결이구나

아름다운 꽃바다
향기나는 그분의 그윽한 사랑 물결이구나.

대숲에서

대나무 푸른 숲에 머물러 본다
대숲에 흐르는 향그럽고 신선한 대향竹香이
가슴에 스며든다

푸른 잎새마저 절제節制롭고
하늘 솟은 키가 고고高孤하다

대나무는 속을 비워
저리도 곧게 하늘로 하늘로만 높이 솟아
있을 수 있단 말인가

가느다란 몸매에
청년의 꿈처럼 기氣찬 푸르름
제 욕심 허허로이 비우면
이 모습 된다고

죽어서도 빈 속마저 말없이 내어주고
재災와 연기가 되어도
회한懷恨도 갖지 않는 성자聖者 같은 대나무

말없이 몸으로 가르친다.

말씀의 콩나물

콩나물을 기르며 알았습니다
물을 주면 그냥 모두 흘러내렸습니다
그런데
콩나물은 매일 매일 자라났습니다

어느 사이에 한 뼘이나 자라서
시루 바닥의 콩들은 시루 키를 훌쩍 넘어
콩나물이 되었습니다

물이 그냥 그냥 흘러내려 버려서
소용없는 줄만 알았는데…

콩나물을 기르며 알았습니다
말씀으로 나를 키우는 것도
콩나물 시루에 물을 주는 것과 같지 않을까 하구요

말씀을 매일 읽어도
기억에 남지 않고 흘러버리는 것 같아
부질없는 일 아닌가 여겼는데

어느 때 말씀이 내 안에 새겨지고 커 있어
삶 안에서 드러나고 있는 것을
봅니다

헛수고 같아 하지 않으려다가
그래도 매일 매일 말씀을 읽으면
비록 건성 건성 읽어도
잊어 버리는 것도 있고
새겨져 있는 것도 있어서
나를 성장시키는 생명의 물이 된다는 것을

콩나물을 기르며 알았습니다.

나이 들면

나이 들면 추억이 밥인가 보다
일상의 하루는
세 끼 밥이면 족한데

추억의 밥은 시時도 때도 없다

그래도 배부르지 않구나
누가 야단하지도 않는다

오색 색동 무늬 떡 같은
아름다운 오곡밥 같은

꽃봉오리
꽃밥 같은 추억도 갈피갈피
펀득거리고

상처의 눈물밥 같은 회억도
강물처럼 고여 맴돌며
되새김질해 가며

꽃타래 한恨타래 풀어 감는
추억의 밥으로
생生을 연명해 간다

나이 들면
되돌려 살고 싶지는 않은 추억
못났어도
아팠어도
가슴 핏血속에 보라색 한숨과
소쩍새 울음 같은 그리움의 가슴

켜켜에 피멍으로 절여져 괴었어도
그립고 아쉬운 이별한 자식 같다

이울어진 꽃잎처럼
영혼의 향수어린 애잔하고
밉도록 고달픈 것들이었어도

오장이 졸아지듯 가쁘게 가쁘게
숨 쉬었던 것들이었어도
갱 속에 갇힌 새처럼 절망스런
것들이었어도

무지개 파노라마 같은 영혼의 추억들은
다시는 살 수 없는 것들이어서

찬란한 주홍빛 노을로 남으리

나이 들면 그나마 그 추억의
되새김질로 존재하는가 싶다.

삶은 그런 것인가

삶은 그런 것인가!
내 생生의 가슴속 강물은
안개서린 보랏빛 눈물강 같은 것

때론
그 강은 목둑까지 범람하기도 한다

눈물 강엔 드물게 꽃잎이 떠 있기도 하나 잠시뿐
드물지 않게 그 강물엔 돌멩이도 던져지고
던져지고

내가 던지기도
네가 던지기도

가끔은 눈雪도 내린다

날카로운 사금파리 열두 조각도 꽂혀 박힌다
그것들은
강모래 속에 묻혀 있다가
누군가 무심코 유심코 휘저으면
휘돌아 찔리고 어지럽다

강물에 심은 희망의 십자가 나무도
가끔 쓰러진다
살을 에듯 아프다, 불 없는 굴속처럼 시리고 답답하다
죽음처럼 슬프다
꽃처럼 기쁘다
낙엽처럼 마른다
세상에 혼자인 듯 힘들다
피보랏빛 늪처럼 한恨스럽다
산다는 것은 그런 것인가!

그래도 생生은 끝내 희망 한 가닥
하늘 나무에
걸려 있으리라
믿는다.

나 하나만이라도

만사에 나 하나쯤이야 아닌
만사에 나 하나만이라도이면

세상은 오래전에 이미
좀더 나은 세상
보다 나은 아름답고 신나는
세상이 되었을걸
하나
아담으로 흐려진 세상
하나
예수님으로 밝아진 세상
만사에 또 하나, 나 하나만이라도
예수 되는 세상
작은 예수 곳곳에 태어나
빛나고 아름다운 세상
이루어가게 되리
나 하나만이라도 잊지 않으리.

자연스레

풀밭에서
순하고 풋풋한 겸손스레 보드라운 풀잎들

잔디는 살게 남기고
강아지풀들 공들여(?) 뽑혀 나가 이내 시든다

잔디는 키도 작고 되려 볼품없는데
귀염받고 보살핌받는다

강아지풀은 머지않아 예쁜 털을 내어
복슬 머리를 흔들어 살랑대는 꿈을 꿀 텐데

이용가치 없다고
허무하게 뽑혀 버림받고 있구나

겨우내 언 땅속 어둠과 시린 아픔 견뎌내고
빛을 향해 생生의 바닥을 솟아
기어나왔는데

풀도 한 풀은 선택받고
한 풀은 내침받고

사람도 한 사람은 구원받고
한 사람은 버림받고

크고 작은 풀들, 인간들 깜냥대로
자연스레 그냥 살도록…

풀잎도 아파 울고
풀잎 같은 내 마음도 아파서 마른다
밤하늘의 별들도 울면서도 아름답게 빛낸다.

섭리에 의지하게 하소서

주님
저는 헛나이를 먹었나 싶습니다
세월이 선생이라 하옵니다만
세월에도 배우지 못하오니

이순耳純의 희끗거리는 머리칼 속에서도
제 뜻보다 주님 의향意向에 맡기는데
주저주저하오니

제 뜻이란 것이
뜻이랄 것도 없을진대
당신 뜻에 맡기지 못한단 말입니까
푸닥진 꿈, 소망이라는 이름으로 인간적인
한계를 결코 넘지 못하는 것을

건강, 물질에 매어 있고
함께 다닐 벗 하나 없어 서글픈 것
손해 끼쳐준 자들에게 염오의 염念
원수된 일로 고통하는 것 해결해 주시라고
글 잘 쓰고 별이 되었으면 싶기도
경치 좋은 곳에서 살고 싶기도

주님께는 하찮은 것이
제게는 큰 욕구이고 안 이뤄질까봐
무력감으로 시들해져 살生맛 없는 날들이
되오니이다
주님은
제가 생각할 수도, 상상할 수도 없는
좋은 섭리 지니셨는데
저는 아랑곳없이 철부지 아들이 사탕만
달라는 격이오이다

저의 소원이라는 것은 한 가지 해결되면
또 하나가, 또 하나가…
끝이 없어도, 종국에는 스러질 것들입니다만

주님은
저보다 저를 더 사랑하시고
당신께서 저를 위해 하시는 걱정이
제가 스스로 저를 위해 하는 걱정의
총체보다 더 크고 차원이 다르실 것이온데도

언제나
주님께서 저를 빛에 놔두시든지
어둠에 두시든지
위로를 주시든지
따분한 채로 놓으시든지
쓰디쓴 고생을 시키시든지
소원을 들어주시든지
안 들어주시든지
설사 죽을 위험에 놓으셔도

한결같이 주님을 찬미하며
감사할 수 있을는지요

그렇게까지는 못해도
모든 삶의 상처가
병과 암이 되지 않고
은총의 진주가 되게 해 주시옵소서
오직
주님 당신만이 저를 가장 안전安全히
제게 가장 맞게 머물게 하신다는 것을
잊지 말게 하시어

체념과 걱정 근심보다
즐겁게 섭리의 뜻을 받아들일 수 있게 하소서.

부처의 미소

길이라고 다 길이 아니어라
사람이라고 다 사람이 아니어라
사는 것이라고 다 사는 것이 아니어라
세상사라고 다 진실이 아니어라

진리라고 다 진리가 아니어라
착함이라고 다 선함이 아니어라
예쁨이라고 다 아름다움이 아니어라

나이듦이라고 다 늙음이 아니어라
죽는 일이라고 다 죽음이 아니어라

헤아리고 제대로 헤아리고
깨어나고 또 깨어나고
화안해진 마음에
넉넉한 포용이
미소 만드느니

이 미소지으려고
싯달타는 왕궁도 버리고
꽃 같은 여인, 열매 같은 자식
족쇄 인연 끈이라 등뒤에 버리고

나는 누구인가
살고
늙고
병들고
죽는다는 것
도대체 뭣일꼬
백여덟 가지 인생 번뇌
진액 빼는, 제대로 근원이치
알아내려고

설산雪山을 헤매고
보리수 나무 아래 천 날 수보다
더 많은 날들을
명상 고행하였던가

깨달음 타 타 타
미소
부처시라

니 뭐꼬
스스로 깨달으라

웃으시네.

하늘을 먹는 사람들

우리는 누구인가?
하늘을 먹는 사람들이다

보통 사람들은
밥을 먹는다
공기를 먹는다
풀을 먹는다
능금을 먹는다
쇠고기를 먹는다
땅의 것만 먹는다
이들에겐 땅의 것이 전부다

특별한 보통 사람들이 있다
땅의 것과 하늘도 먹는다
하느님 예수님을 먹고 마신다
우리는 누구인가? 다른 사람들이다
하늘을 먹는 사람들이다
하늘은 하느님의 것이다
우리는
하늘, 하느님을 먹는 사람들이다
특별한 보통 사람들이다

보통 사람들도 귀하다
하늘 먹는 사람들은
하늘처럼 존귀하다.

성체 평화 이루게 하소서

평화平和
밥을 입에 공평하게 나누어 먹는 일

내 평화를 너희들에게 주노니
주 예수님
'나는 살아 있는 생명의 빵이다'
당신 살덩이를, 꼼지락거린 우리 노력과
반죽하셔서 생명 살 빵을 만들어 먹이시고
당신 핏덩이를 우리고 우려, 땀내나는 우리 수고
섞어서 향기로운 포도주 음료로 마시라고 내놓으셨네

그럴싸한 말로만이 아닌
몸으로 평화 밥상을 손수 차려 주셨네

내가 주는 평화 아무도 빼앗지 못한다
자신 있고 당당히 말씀하셨네

몸으로 몸소 이루셨으니
평화 받아 먹고 평화 이어가라고

생활의 수고 피곤 고통은 서서히 생명을
깎아 내는 것이리니

내 생명 조금씩 깎아 내어
나는 네 밥 되어 주고
너는 내 밥 되어 준다 하며
서로 밥 되어 주는 일로
이웃에게 생명의 빵이 되어라 하시는
평화의 희생 제사 이루셨네

나날의 삶의 모든 행위가
성체되는 평화 미사이게
하여 주소서

평화는 생명을 이루느니
평화 짓게 이끌어 주소서.

제2부

불행이라는 이름의 나날의 행복

보잘것 있는 것만 행복인 줄 알았습니다
오랫동안 불행했습니다
보잘것없는 것도 기쁨인 줄 깨닫게 되기까지에는

많이 가져야만 행복인 줄 알았습니다
오랫동안 불행했습니다
적게 가지는 것도 기쁨인 줄 깨닫게 되기까지에는

큰것만을 지녀야 행복인 줄 알았습니다
오랫동안 불행했습니다
작은 것도 기쁨인 줄 깨닫게 되기까지에는
때론 작은 것 아주 작은 것 때문에 아픔을 겪기도 합니다만

있는 것에 있을 것을 보태야만 행복인 줄 알았습니다
오랫동안 불행했습니다
있는 것을 덜고 비워낼 때도 기쁨인 줄 깨닫게 되기까지에는

아무것도 잃지 않아야만 기쁨인 줄 알았습니다
오랫동안 불행했습니다
잃는 것이 많아도 괜찮다는 것을 깨닫게 되기까지에는

존중받고 기억되어야만 행복인 줄 알았습니다
오랫동안 불행했습니다
무시받고 잊혀지는 것도 괜찮다는 것을 깨닫게 되기까지에는

몹쓸 사람들하고 상종하지 않으면 행복인 줄 알았습니다
오랫동안 불행했습니다
원수 같은 사람도 용서하면 기쁨인 줄 깨닫게 되기까지에는
예쁜 것만 볼 때 행복인 줄 알았습니다
오랫동안 불행했습니다
밉다는 것들 속에도 예쁜 것이 보이는 기쁨을 깨닫게 되기까지에는

분주히 무엇인가를 해야만 행복인 줄 알았습니다
오랫동안 불행했습니다
영혼과 동행하기 위해서는 쉴 참도, 침묵도 기쁨인 줄 깨닫게 되기까지에는

지상의 모든 것들
덧없이 변해가는 인정, 물질, 지위, 애착, 성취가
그리 행복이 아니라는 것 간간이 알아차렸어도

늦게야 깊이 깨닫습니다
변하지도, 멸하지도 않는 것을 지녀야 된다는 것을

마음 한 송이
풀꽃 한 송이
전화 한 통화
식사 한 끼
별 한 송이
햇볕 한 송이
바람 한 다발

기쁨의 근원이신 하느님
감사와 그리움 느낄 수 있어라
보이는 세상에서 보이지 않는 기쁨
아름다움 행복이 깃들어져 있음이
곳곳에서 보이나니!
이것이 축복이리니.

하루 한 번이라도

하루 한번은
삼 분이라도 기도하고
칠 분은 꿈꾸고

매사는 안 되어도 한번이라도 긍정적으로
생각하고
한 알이라도 심령의 텃밭에
지혜의 씨앗을 뿌리고

하루 한 번은
하늘 한 모금 숨 쉬고
작은 잎새만 한 선행도 하고
용서하기 쉽지 않은 사람
잠자기 전까지라도
안 되면 삼 일 안까지라도 용서하고

새끼손톱만큼의 사랑과
멸치 눈만큼의 친절한 전화도 걸고

하루 한 번은
활짝 핀 호박꽃만큼 크게 웃고

벚꽃숭어리들처럼 웃고
그림 속 꽃들이라도 바라보고

하루 한 번은
순간이라도 흙으로 돌아갈 인생 새겨보고
쓸데없는 욕심 손톱 자르듯 베어내고

하루 한 번은
행복하고 감사하자

하루가 모이고 모여
태산 같은 날 수시간을 넘어
영원을 이루느니.

땅 같은 사람 되게 하여 주소서

주님!
제가 땅 같은 사람이 되게 하여 주소서
당신의 창조 이래 사람들이 터전 이룬 땅
온갖 생명의 풀과 나무들 돋아 자라고
그리움 깃든 아름다운 꽃 피우고
각양각색 동물들이 살고 춤추고 뛰어 노는 땅
수천만 개의 길이 땅 위에 열려져 있고
늑대 같은 바람에 시달리고 천둥번개 소리 듣고
비 오는 대로 젖어 담고
역사와 사람들 다 품어 아우르는 땅

끝 모를 인간의 크디큰 욕심으로 쇠 호랑이 이빨로 파 재끼고
상채기투성이로 피 흘리고, 갈기갈기 찢기고 뒤집어엎어도
시멘트, 타르로 숨통 조여도
금 같은 침묵으로 견디고
두들겨 패대도 맞고
온갖 오물도 말없이 받아들여 식혜처럼 삭혀
생명의 토양으로 거듭나는 땅
사람들 죽으면 보료처럼 감싸안아 편히 쉬게 하는 땅
수억만 년을 발자국에 밟혀도 짓밟혀도
베풀기만 하는 자비로운 땅

참고 참다 아픔을 가슴으로 토해내며
드물게 큰 눈물 흘리고 오열하는 땅

고맙다는 말 한마디 듣지 못해도
만년 억년을 사랑을 꿈꾸며 어머니 젖줄 같은 생명으로
살아 있는 땅

하늘이신 하느님
하느님 같으신 땅이어라
고귀한 땅, 거룩한 땅
옹졸할 땐
바늘귀만큼의 눈길도 주고 싶지 않는 마음

주님!
감히 땅님 같은 마음의
사람이 되게 하여 주소서

제 꿈의 기도가
너무 크오니까.

영혼의 초상

엇갈린 그리움 속 아픈 사랑
사무친 멍 되어 퍼어렇게 번져
온 가슴에 괴는 눈물
흘리지 못하는 피눈물 늪으로 괴었어라
마춰 없이 베이는 살점의, 말로는 다 못할 아픔처럼
심령이 모두 찢겨 철철 피 흘려 젖은 고통

하늘은 저리도 곱고 화사한데
만신창이로 해져 헐은 마음 아시는가 모르시는가
그대여
닿을 길이 없구나
차라리 말을 놓아 버렸다
성한 채 미친 듯 세상을 헤맸노라

바다에도 던졌노라
강에도 뿌렸노라
모래사막의 바람에도 훨훨 털었노라

세상을 돌아 돌아 돌아와 잊었노라고
세월에 삭혀 삭이어 잊었노라고
잊힌 줄 알았더이다

아!
그리움
꺼진 불 잿더미 속의 불씨처럼 되살아나고
가슴에 유전자처럼 새겨진
그대 모습 보이노라

도리질하며
내 안에 천번 만번 물어봐도
애달프고 아름다운 진실이었다고
종소리처럼 울려오네

아!
어찌할 수 없는
그리운 그대여

내 혼에 꺼지지 않는 아름다운
불꽃이뇨
사랑하는 그대여

멸하지 않는 가시 많은
향기 꽃이뇨

오늘도
그리움 산처럼 쌓여가는 그대여
어여쁘고 귀여운 그대여
보고 싶은 그대여
보면서도 그리운 그대여

잠시 보고 돌아서도 싸한 아픔으로
괴어오는 그대여
그리움은 차라리 형벌이어라
망망대해 섬처럼 고독하구나.

(어떤 이를 위하여 지어준 詩)

사랑의 이상理想

사랑의 이상이란
사랑을 하는
두 사람의 모든 것이 하나 되는 것
사랑을 하는 두 사람이 결합한 한 가슴속에
눈부시고 찬란하게 영롱거리는
꿈의 날갯짓
푸른 날개에 꽃다운 혼 하나로 엮어
어여쁘게 엉기어 나는 일

그러나
사랑은 심장이 터질 것 같은 환희만은 아닌 것
장미꽃과 향기는 가시도 곁들여 아름다운 장미다웁듯
사랑은 서로 키우고 버팀해 이뤄내어
석류처럼 영그는 열매 같은 아름다움이 되리니

그 아름다움은
기쁜 것 슬픈 것
웃음과 눈물
즐거움과 쓰라린 한숨
죽음 같은 상처와 치유
얽히고 설켜 수많은 세월
밤낮으로 어우러져 우러난 마알간 물빛 같은 것

무지갯빛으로 찬란하리라
그 사랑의 빛날개 펼쳐
지상에서 영원의 새로운 세계
하늘까지 함께 날아가는 것이리라

꿈꾸는 노래

초옥草屋 삼방三房 아파트 남쪽 북쪽 서쪽
다 지천으로 무성한 이파리들의 푸르름이다
닭장 같은 속새처럼 살려 하니

드높은 창공 보라색 구절초 연분홍 진달래 꽃산
자운영 들 청보리밭
앞 시냇물 졸졸 흐르고, 바다가 보이면 더 좋으련만
푸성귀 가꾸고 오이 호박덩굴 올리는 전원田園이 그리우나

꿈과 실재實在가 맞지 않아
이리도 저리도 못하오만
창밖 너머 잎새 울창한 푸르름에
외로움도 잊고 소망을 달래보오

구박받으며 뿌리째 뽑혀나간 수난에도
몇 그루 남은 아까시꽃은 누구의 자비를 닮아
속도 없이 향기를 뿜어내어 초옥 휘감아
창너머 방안까지 향기 스며드니
시름 잊고 향기의 복福으로 위로받는다오

애써 어디로 갈 것인가
한 계절 향기바람과, 책에서 위안삼고
한 평 남짓 풀밭 공터 텃밭이나 일구며
우러나면 시詩 짓고
오솔길로 혼자서 산책이나 하고
숲속 길섶에 핀 청순한 하얀 찔레꽃
즐거워하며 한가로움 즐기리라.

아침

아침은
빛의 세례식이다
갇혀 있는 무인도 같은
세상의 어둠을 벗겨내며
나를
부활시킨다.

세속

뿌리 없는 나무와 꽃들의 현란함의 날갯짓이다.

밥 한 상

나의 어머니
중中 부잣집 딸로 태어나 사시다가
열아홉 참하고 꽃다운 나이에
시집오셨단다

이름 없고 빛도 없이
평생
밥 한 상 앉아 받아 드시지 못하고
장부의 아내로서
자식들 뒷바라지 짐지고
대하는 모든 이에게
정황대로 나름대로 모든 것이 되어 주시고
시중만 들다 돌아가셨다

언젠가
어머니 '내 김씨 집 종 났냐' 한마디
만근 같은 수고
착한 천성과 성모 마리아님 주보 닮은 신심信心으로
노고와 울화 한恨 보라색 묵주알 외우시며
주님의 수고 수난 고뇌 새김 묵상으로
난 향기로 승화시키시며
영혼의 장미꽃 송이 송이 피워 가셨네

항시
인자와 낙천 긍정과 지혜로
따스하고 아름다운 기품 있는 모습의
나의 어머니!
잘 차린 밥 한 상 받으면
'내 몫이 아닌데'
목메이고 눈물난다
어머니!
용서하소서
그립고 보고 싶습니다.

피로 빚은 포도주

당나라 시인 이백은
'둘이서 마시노라니 산에는 꽃이 피네'
읊으시었네만
나 홀로 앉아 마시노라니 산에는 낙엽이 지고
가슴에선 눈물이 흐르오
거문고 품고 찾아오는 이 아니어도
빈손으로 찾아오는 이도 없어라
아!
위로되는 이 있다오
그리스 철인 아나카리시스이니
한잔 술은 건강을 위한다오
석 잔 넉 잔은 방종과 쾌락 광증을 발한다 하오니
홀로 한잔 마신다 한들 쓸쓸해하리오
세상 술, 인정, 허망할 뿐인 것을
꽃과 과일 꽃말로 빚어 일시 희망과 예술도 비준하나
허풍과 거짓말도 거침없이 풀게 하는 것뿐인데

내 잠시 대작 못한 안타까움
슬퍼하였음을 탓하노라
보리주 꽃주 견줄 바 아닌 술 있음을
잠시 잊었노라

천상 술이네
피로 빚은 포도주
이 술은 세상 희망 아닌 영원한 희망을 확정하고
이 술은 영원한 생명을 보증하는 술이언데
그리스도의 살과 피로 빚은 술
생명의 진액을 뽑아 빚은 술
사랑의 불로 발효시킨 술

천상 향기 흘러나고
영원히 여성적인 술 우리를 구원하는 모유
마시면 마실수록 좋은 술 생명을 키우는 술
허무에서 일으키는 신비로운 술
부활의 술
내
이 술 마시며
혼자로도 즐거이 기꺼워하리.

해바라기

해님 그리워 그리워 키 키우고 키우고
속으로만 속으로만 애달아 타서 익은
까만 마음

감추려 고개 숙이고
알알이 익히는 그리움 고인
사랑의 언어들

불 같은 뙤약볕에 고즈넉이
서 있다 하여
누가 너를 일컬어
바보라 하는가!

헤아려 주실 때까지
눈부신 얼굴 뵈올 때까지
기다리고 기다리는
너.

초희草姬

단짝도 없이 육십여 년 야위어온 인생에
선녀 날개 같은 면사 너울옷 한번 입어 보지 못했으니
스스로 한恨스러워도
이내 몸 괴로운 심사心事 뉘게 알려 무엇하리오

하늘에 마음 붙이고
지그시
고운 말씀 사모하며

기왕에 나그네이니
살면 얼마나 더 산다고
홀홀히 세월 간다 한들 어떠하리오
삼백예순날 찾아오는 이 드물고
찾아나설 이 또한 드물어
푸른 산속 절간보다 고요한
초옥草屋에 앉아 시詩를 짓고 있노라니
간간이 뻐꾹뻐꾹 뻐꾸기 울어
세상이나 인간사人間事
더욱 먼 듯하다
안팎이 적막하기 그지없어라.

꽃바구니

가장 향기롭고 화려한
백합, 붉은 장미들로 꾸민
동산만 한 꽃바구니

동생의 죽마고우 친구들
신의와 우정 깊은 세월 40여 년에

친구 누나 회갑맞이 날이라고
곱게 늘인 축하 리본 달아 보내준 꽃바구니!
살아갈 날들의 삶의 향기 피워내라 함인가

꽃바구니 꽃향기
십여 일 뿜어내다 꽃은 꽃답게 지고
꽃상여 같은 빈 바구니만 남겨 놓았네

비워진 바구니엔 따뜻한 마음의 꽃향기
'동훈' '정길' '문생' 미소로 아름다움으로
남아 있네
너희들의 한결같은 우정 길이 지녀가라
빌어 본다

남은 인생
향기나는 사람답게 살아가 보자고
결연한 의지 비워진 바구니 안에
담아본다.

모자이크 인생

살면서
보랏빛 울음 울지 않은 사람 있는가
분홍빛 웃음 웃지 않은 사람 있는가

살면서
검푸른 늪 같은 고인 슬픔 없는 사람 있는가
때론 반짝이는 별 같은 기쁨 없는 사람 있는가

살면서
낙마하듯 실패 없는 사람 있는가
잠시 든 햇볕 같은 성공 없는 사람 있는가

살면서
청양고추 맛처럼 화닥거리고 눈물나게
힘들지 않은 사람 있는가
깃털처럼 가볍고 쉬운 일 있지 않은 사람 있는가

살면서
상한 조개에 진주 생기듯 상처받지 않은
사람 있는가
여름 댓바람처럼 신선한 위로받지 않은
사람 있는가

살면서
‘부르터스 너마저’ 하듯 배신당해 본 적 없는
사람 있는가
백일홍 같은 신의信義 대하지 않은 사람 있는가

살면서
상한 꽃잎처럼 앓아 보지 않은 사람 있는가
튀는 잉어처럼 건강해 본 적 없는 사람 있는가

살면서
막힌 터널 속 같은 절망감
없는 사람 있는가
창호지 문 틈새로 들어오는
바늘귀만큼의 빛, 희망
없는 사람 있는가

살면서
청둥호박처럼 늙어가지
않는 사람 있는가
소나무 같은 청춘 없는 사람
있는가

살면서
한줌 흙처럼 죽지 않을 사람 있는가
불사조처럼 안 죽을 사람 있는가

살면서
이렇게 비와 태양 울음과 웃음
모든 것이 어우러져
빨강 주황 노랑 초록 파랑
남 보라
화려하고 아름다운 무지갯빛
모자이크 인생을 이루는 것이러라
진 · 선 · 미 행복의 근원이신
하느님
모든 것 화음처럼 어울리어
멋진 교향악 같은 인생의
완전한 축복과 성취를
이루어 주시리.

제3부

춘향

단오 명절
그 날
연초록 저고리에 하늘하늘 진달랫빛 분홍치마 폭
푸른 잎새 사이로 하늘바람에 나부끼는
그네 뛰는 달님 같은 춘향이 선 고운 모습에서
이 도령 울렁거리는 젊은 가슴엔
이미 꿈 같은 사랑의 꽃망울이 고이 맺어지고

신분에 매임 없는 사랑의 참한 맹세
가슴에 굳고 붉게 아로새겨지는 밤

가시는 임의 길이 기약 없는 약속이었을손
가신 임 소식 없어도

절개 꺾으려는 하옥下獄에 칼 씌움 배고픔 목마름
임 없는 그리움의 고통

한낱 청춘의 낭만만은 아니었기에
난 같은 가녀린 자태 속 깊은 곳에
불꽃 같은 뜨거운 절개의지 품어 있어

수청 들라 욕스런 괴로운 날에도 핏빛 젖은 단심丹心
굽힘없이, 뼛속 깊은 고통 견뎌냈어라

성춘향 이도령
서로 향한 의지意志의 지고至高한 사랑
슬픔은 찬란한 기쁨되어
매화 향기로 곱디곱게 꽃 피어
길이 길이 기려지누나
아!
지금도 아름답게 빛나는 절개의 귀감
광한루 오작교 아래 물빛 속에 서리어
흐르고 있네.

자연

자연
하늘님의 시詩로구나
노래로구나

봄
하느님의 잉태의
환희구나

여름
하느님의 힘의 푸른 박장대소여라

가을
하느님의 사랑의 출산이시네

겨울
하느님의 쉼이어라.

하늘을 살다 가신 큰 임이시여!

– 故 김수환(스테파노) 추기경님 영전에

2009년 봄이 눈뜨려는 2월
삼월의 꽃으로 피어나기를 못내 기다리고 있을 무렵
16일 오후 6시 12분 6시 뉴스 시간에 들려온
김수환(스테파노) 추기경님 선종 소식에
노환으로 편찮으시다는 소식 간간이 멀리서 들어왔어도
번득 정신이 아찔하고 가슴이 철렁 내려앉았습니다

이 소식 듣는 순간
2월의 밤바람은 더욱 차갑고 추웠습니다
길 가던 사람들도 가던 길을 멈추고 아버지의
슬픈 소식처럼 망연했습니다
갑자기 세상이 흔들리고
어두워지고 낙심되는 심경이었습니다

1922년 오월 봄날에 태어나시어
치명자의 후손으로 어려서부터 신앙생활하시고
1951년 사제 수품으로 사제생활에 들어서시어
1969년 사월
한국 교회의 첫 추기경으로서 영광과 명예의 면류관 쓰셨으나 또한 가시면류관이시기도 하셨지요
한평생이 주·예수 그리스도 닮으신 십자가 삶이셨습니다

주님의 말씀 '너희와 모든 이를 위하여(PRO VOBIS ET PRO MULTIS)'를
사목 목표로 먼저 몸소 살아내시려 사랑과 겸손으로 최선을 다하셨음을
가신 다음 듣고 보았습니다

한 뉘 평생을 가난하고 소외된 이들을 껴안고
한국의 독재와 수난의 어두운 질곡에 민주화 희망의 별로 맞서시고
노동자들의 노예 같은 고달픈 삶의, 인간화를 위해 삶으로 함께하시고
마음의 고향으로,
쫓기고 떠는 이들의 둥지로 존재하셨기에
믿는 이나 믿지 않는 이나, 종파를 초월하여 못내 아쉬워 웁니다
'모든 이에게 모든 것'이 되고자 하셨음에도
예수님 닮은 사제가 되지 못했다고
더 많이 가난한 사람들 속에 살지 못했다고 고백하시며
자책하셨다 들었습니다

병상에서도 미소와 평화를 잃지 않으셨다지요!
당연히 받으실 간병에도 '고맙다 고맙다' 되풀이하시고
과분한 사랑을 받았다고만 하셨다지요

우리에게 빛과 길과 평화를 살아내시고
또 빛과 길이 되어 하늘로 떠나셨습니다
기실
사시면서도 하늘로 사셨고 큰 어른 별이시고 빛이셨는데
빛 속에서 빛을 잘 모르고 빛 가신 다음
그 빛이 더욱 향기나는 빛남이었음을 이제사
더욱 알았습니다
세월 세월 골골이
십자가 무게에 쓰러질 듯 무거우셨이도
주님 닮은 침묵으로, 기쁨으로 감추시고 웃음과 유머 잃지 않으셨음
새기고 닮겠습니다.
소나무처럼 항시 푸르게 큰 나무로 우리들 가슴속에
살아 계실 것입니다
서로 사랑하고 용서하며 살라는 말씀
끝내는 두 눈마저 이웃 위한 빛으로 사랑으로 남기시고 가셨습니다

당신처럼 이웃에게 손잡아 주는 푸근한 마음
예수님 닮아 밥이 되어 주라 하신 말씀
순박하고 인자한 할아버지, 해님 닮은 미소와 더불어
기억하며 살겠습니다.
아직
매화꽃은 피지 않았습니다만
당신께서 매화 향기로 피어나셨습니다
당신의 얼과 넋은 사순절을 지나
이미 우리 안에 부활하셨습니다

당신께서 세상에 계신 동안 만나 뵙지 않았어도
큰 거목으로 든든하고 푸근하였습니다
주님께서
수고하고 무거운 짐진 자는 다 내게로 오라
편히 쉬게 하리라 하셨으니

눈물과 병고와 불면증으로 고생하시며 감당하셨던
시대와 교회의 십자가 짊어지셨었으니

하느님 나라에서 편히 쉬소서
하늘나라에서도 우리 보고 힘내라고 따뜻하게 웃어 주세요

당신 닮아 구체적 사랑과 용서 실천의 삶 살도록 애쓰겠습니다

기도의 사랑 속에 감사와
영원한 평안을 하느님 품안에서 누리시기를 비옵니다.

2009. 2. 25

P.S : 감히 그 크신 인물을 시詩로 묘사한다는 것이 무례하고 저어한 일이기에 감히 엄두도 못냈으나 용기를 내어 심경을 詩로 옮겨 보았음.

부활절 기도

내 죄 항상 나를 대하여
황송하여 감히
십자가를 바라볼 수조차 없어
외면하였습니다

십자가는 자꾸만 그림자처럼
나를 따라다닙니다

더 이상 도망칠 수 없어
돌아서서 대면하여 십자가
바라보기로 하였습니다
얼마나, 돌보다 더 단단한 무쇠 같은 마음이길래
눈물은커녕
무념한 심정이었습니다
무엇이 나를 이렇게 했는지
나와 세상인 듯합니다
온통 흙물 휘저은 듯…

죽음이 끝이 아니라지만
죽음은 죽음이기에
당신의 말씀이 무엇인지

알아듣지 못하여
당신도 무덤인 줄 알았습니다

무덤에서, 치욕과 저주의
못 안에서 꽃이 피었습니다
봄으로 서 계셨습니다
찬란한 빛봄으로
손 내미셨습니다
울었습니다
불가마 같은 빛으로 더러운 쇠가슴이 녹아내렸습니다
봄꽃 같은 마음이 되었습니다
꽃불 같은 마음이 되었습니다

주님!
하느님의 아들
부활이셨습니다
하여
부활하였습니다
일상을
부활로 살겠습니다.

행복합니다

내 살면서
좋은 일이라고 여기는 일보다
몹시도 힘이 들고 지치다 못해
풀잎 바람에 쓰러지듯 누워버린 때가
많았습니다
그래도 별 위로받지 못했습니다
사람에게는

말벗되는 친구 없어 아쉬웠는데도
손 내밀어 잡아주는 진실하고 따뜻한 가슴
별 없었습니다
힘든 짐에 돌까지 얹어서 쓰러지게 한 친구들
어깨가 더 무거워 원망 불평 고통이었다오
누가 나 위해 힘든 짐 짊어지고 가 주었던가!
뉘 있어 아침에 눈떠 저녁 잠들 때까지
마주보고 바라보고 웃어 주었는가
눈보라 비보라에 휘청거렸어도
혼자였다오
그래도 별 위안받지 못했습니다
사람에게는

'너를 업어 살려 내리라' 하신 분 계셨으므로
그다지 불행하지 않았습니다
때론 깊은 절망의 낭떠러지로
떨어뜨린 자도 있었습니다
뉘 있어 등 내밀어 주었던가 기대라고
모두 등돌리고 스쳐 지나갔습니다
진정 나를 아끼는 마음으로
눈물 흘려준 따스한 마음 한 조각
내어줄 이 뉘 있었던가
그래도
그다지 불행하지 않았습니다
'내가 네 곁에 있다' 위로의 말씀 수건으로
눈물 스스로 닦았으니까요

내 살면서
인생의 화사하다고 하는 일 — 생일, 결혼
자식, 칭찬, 선물, 인정, 꽃 한 송이, 전화 한 통
함께할 사람, 사랑하는 사람
하나 없었어도
그다지 불행하지 않았습니다
하늘, 빛, 바람, 햇볕, 꽃, 별, 나무, 풀, 숲, 책이
있었으니까요

하루 종일
일 년 365일
십 년 3,650일
홀로이었음에도
그다지 불행하지 않았습니다

인생길 함께할 동행자 없어도,
좋은 인연 없었어도
그다지 불행하지 않았습니다
입센의 말처럼 '이 세상에서
가장 강한 인간이란 고독하면서 혼자 설 수 있는
자이다' 했으니
나는 그렇다 할 수 있으니까요

설사
마지막 죽음에서도
아무도 나 때문에, 너 때문에
삶이 행복했다는 말 한마디 해 줄 사람
없을지라도
그리 불행하지 않을 것입니다
나는 인생 모든 날에 행복이다 불행이다를

별 찾지 않았으니까요
그러나
큰 이유라면
하느님께서, 예수님께서
수난의 죽음바다 건너 부활하신 분께서
'어미가 자식을 잊는 한이 있어도
나는 결코 너를 잊지 않으리라
너는 내 두 손바닥에 새겨져 있느니
말씀 붙잡고
믿음의 향불을 꽃다발보다 더 벅차게
세상의 모든 행복과 위안보다 더 큰
최상의 보물과 최고의 위로로 안고
살아왔으니요
살아갈 테니요
내 숨결 속에 숨으로 계신 분이시여 !
이보다 더 가까운 동행이
뉘겠습니까!
하여
행복합니다.

봄바람

그리움아
사랑아

그대는 화수분도 아니련만
고이고 고여 흘러내리는가
가슴 바닥에서
이 봄에 난 무슨 사랑을 하고
무슨 그리움을 묻을까나

이 봄에 또 무엇을 찾아서
어디로 떠나야 할까
날 그리워하는 사람 없어도
내가 그리워 떠나노라
대책 없는 짝사랑 유전자라도 새겨져 있는가

눈 감을 수 없는 그리움으로, 젖줄
물리는 봄산도 어머니처럼 그립고
유록색 물 번진 바람도 그립고
연분홍 화사한 미소 같은 진달래
마른 등걸에서 부활처럼 피워내는 봄꽃 매화 향기 그리워

시멘트 아파트 벽 안에 갇힌 날개
버들강아지 새 잎 피우듯
마음의 날개 꽃잎처럼 펴서 떠나 보련다
사랑스런 그대 벗, 봄이여
하늘이 주신
새 봄빛 찬란하고, 꽃빛어리어 화사한
그대들의 봄꿈도 깃들어진
사랑과, 기쁨 가득 담아
전해주느니

내가 그리워 떠나노라

풍요로움의 비정한 고독 속으로
꽃비 바람의 감미로움이라도
젖어들어라
내 혼에.

부활 3

엇갈린 세월과, 꿈이 다른 까닭으로
서로 상처당한 우리의 사랑
시간은
막혀버린 터널이 되고
죽음 같은 폐허의 어둠 속에서
빙산의 얼음파편처럼 차갑게 조각난
심령은
하많은 세월 신음조차 못하는 슬픔이다가
소중한 말씀 힘입어
몹시도 어려운 용기낸 용서의 사랑으로
돌문처럼 닫쳐진 마음 열어
긴 겨울 아픔 지나고 피어나는 매화처럼
아름답고 화사한 생명의 숨 쉬고
솜꽃처럼 따스히 젖어오는 온화한 기운
심령에서 피어나고 있네
이제
서로 부활된 영혼과 사랑, 사람됨의
진실을 다하여
다시는
서로 힘들게 하지 말고
괴롭고

아프고
허전할 때
성령의 불로 댕겨 영혼을 따뜻한
화로처럼 뜨거이 하고
영혼이 목마를 때
말씀의 오아시스로 갈증을 풀고
세월의 추 기울어
살아갈 날 많지 않으리이니
시간을 아끼고 아껴가며
하느님 닮은 마음으로
서로 보물 같은 영혼의 소중함 지니면서
나날이 기쁨 가득 가득 피우고
별빛 같은 고운 나날이 되고
보고프고 그리움 안은 넋을
향기롭게 영원할 사랑꽃으로 피워서
은은한 향기도 전하고
선행의 아름다운 꽃도 나누고
세상에 가득 생명의 빛이 빛나도록
서로 안에 빛이신 주님 안고
천상진리도 추구하며
서로 존재시키는 기도로 값지게 하며

서로 향한 지극한 사랑의 마음
하늘 향해 비상시켜

하늘 꽃을 피우리
하늘 꽃을 피웁시다요!

인연

주님을 만남은
참으로 행운 중의 행운이었습니다
그것은 주님의 섭리요 계획이셨습니다
잃기엔 너무나 아름답고 찬란한
천국이리니
영원한 행복의 궁전이리니
바라보는 하늘로 영원을 꿈꾸며
희망하오니
다시는
돌아서지도 않으리이다
다시는
천상적인 것과 세속적인 것과
바꾸지도 않겠습니다
다시는
미련두지도 않으리이다
다시는
떠나지도 않겠습니다
아!
어리석은 세속 따르지 않으리이다
주님
사랑합니다

사랑합니다
사랑합니다
삼위일체이신 하느님
진 · 선 · 미의 근원이신 주님
수난과 부활의 주님
영원한 생명의 하느님을
진정 섬기렵니다
주님을 만남은
참으로 운명적인 행운이었습니다.

바래봉 진달래꽃

봄만 되면
바래봉 산등성이마다, 바위 틈에
피어나는 진달래꽃

그때
포연 속에 피 흘리며 널브러진 혼들의
절절이 맺힌 핏빛 서러움의 한숨
첩첩이 그리움어린 아픈 이야기
지리산 찬 겨울 눈바람으로도
삭히지 못했는가
그리도 풀어내지 못한 절절한 그리움인가
차라리
시리움은 꽃분홍빛 혼령으로 황홀하다
눈물 머금은
꽃빛 얼굴이 슬프도록 애잔하게 어여쁘구나

타시오 태우시오
꽃불로
애절함도 한스런 서러움도
아름다운 꽃불로 화사하고
향기롭게 타시오

온 산을 미친 그리움으로
꽃불질러 활활 태우시오
진달래꽃 꽃 꽃…

불타는 진달래꽃 산이어라
내 마음도 슬픈 꽃불로 타노라.

인생의 바퀴와 희망줄

- 자전거 예찬

자전거를 타면
인생이라는 두 바퀴에
희망이라는 줄을 걸고 달릴 수 있다

제비 날갯짓처럼 상쾌하게
푸른 나뭇잎처럼 신선한 바람도 맞고
아가의 손결 같은 부드러운 비도 맞고
예쁜 꽃잎 눈 어깨에 얹고 달릴 수도 있다

두 바퀴에 인생을 걸고
어디든지 달릴 수 있다
절망도 좌절도 가로질러서
행복이라는 줄을 걸고 달릴 수 있다

자전거를 타면
신선한 공기도 청아하고 향기롭게
흐를 수 있고 꽃향기도 피어날 수 있다
대지를 넉넉하게 사람들과
자연에게 내어주며 달릴 수 있다

자전거를 타면
환히 트이는 아스팔트길 달리고
고불고불 흙담길 돌담길 달리고
윤기 흐르는 나무숲길도 달리고
향기나는 꽃길도 달려서

세상 지평 넘어
머리 위로 무한히 펼쳐진
하늘도 볼 수 있고

삶도 싣고
꿈도 싣고
거침없이, 차디찬 눈
바람도 가르며
달릴 수 있다
찬란하고 눈부신 해도 보며
아름다운 어머니 여인 같은 달도 보며
사파이어 같은 하늘 보석 별빛들이
폭포수처럼 쏟아져 내리는 것도 보며
달리고 달릴 수 있다

자전거 두 바퀴에
인생을 걸고서 하늘 꿈을 꾸면서
지구촌 어디라도 달릴 수 있다.

지구별의 아픔

하늘의 별을 바라보고 기뻐하며
아름답게 빛난다고 환호한다
별꿈을 꾼다

왜 아름다울까!
인간의 때묻은 손 닿지 않아서이리니

지금
인간의 욕심이 만들어낸 허물
먼지 무리로 빛나는 별도 아파 자주 숨고 운다
별꿈도 잃어버리고
지구별님도 아프고

내가 딛고 있는 땅
땅별 지구별이라는 이름의 별님
아름답고 푸른 하나뿐인 지구 별님에
몸 붙여 살고 있는 너와 나 우리들
지구별 땅은 우리들에게 예쁜 꽃들도
숲도 주고
맛있는 먹을 것 과일들, 쌀 보리 감자 딸기 수박 모두 주는데
주기만 한 땅별님을 욕심으로 괴롭혀

지구별님이 가슴 아프다고 울고
푸른 마음이 신음하고 있답니다
아픈 별님이 우리 안고 호소하고 있어요

가여운 지구별님 돌보고 보살펴야 해요
신음하는 별님 치유시켜 눈물 닦아주어
춤추고 노래하고 웃게 해요
땅별님과 화해하고 다시 어울려 같이 사는
아름다운 친구되어야 하리니
지구별님 없이는
우리도 낙엽처럼 떨어지느니
아벨 같은 지구별님의 울부짖음은
차라리 신神의 오열이라오.

꽃잎의 소란

– 반성

저는 침묵 못했습니다
안으로 밖으로
마음이 몹시 상해서 한동안 참다가
폭탄처럼 폭발시켜 버렸습니다

저는 침묵 못했습니다
형제 동료들의 잘못도 드러내고
비난하고 비웃었습니다
지난 과거 내 것 남의 것 들춰내고
다시 분노, 홍분하고, 용서했다 생각했는데
용서치 못했음을 알았습니다
그래서
저는 양선하지 못했습니다

저는 침묵 못했습니다
마음으로 말로 자신이나 상대방의 부족함, 무지
생각의 모자람을 비웃고 지적했습니다
그래서
저는 자비롭지 못했습니다

저는 침묵 못했습니다
쉽게 하느님께 원성과 원망
싫증도내고, 기도도 게을리하고
TV만 위로처럼, 바보처럼
열심히 보았습니다
몹쓸 짓한 원수 같은 친구들을 여지없이 혐오하고
싫어하고 싫다고 말했습니다
그래서
저는 온유하지도 인내롭지도 못했습니다

저는 침묵 못했습니다
이웃이나 동료가 유명해지고
능력을 발휘하고 승승장구에
속 뒤틀리고, 내 행동이 비난받고
비웃음살 때 못 견디어 했습니다
제 능력이 정당히 평가받지 못할 때
슬프고 좌절하고 싫어했습니다
그래서
저는 겸손하지 못했습니다

저는 침묵 못했습니다
무엇이나 제 힘으로 해내고
남의 도움 받는 것 받은 것을 견딜 수
없어하고 열등감 좌절감 죄책감을
가졌습니다
주님과 교제하는 것보다 세상 사람과
소리에 더 귀를 기울였습니다
그분이 아는 것도 필요하나
사람들에게서도 인정받고 싶어했습니다
인간의 이해를 조금은 받고 싶었습니다
고통과 상실 배신을 힘들어하고
슬픔 우울 근심 걱정을 안고 지냅니다
그래서
저는 하느님을 흠숭할 줄 모릅니다

저는 침묵할 줄 모릅니다.

— 토마스 머튼의 〈침묵의 귀중함〉을 읽고 —

돌꽃石花

몇 천 년을 마법에 걸린 양
울퉁불퉁 볼품없는 너
돌石
바라보는 이
알아주는 이 없어
물속에 누워
천 년 잠자는 공주처럼
자고 있었네
눈 맑은 석공 사랑의 석공
돌공주 얼굴에 입맞춤하고
자신이 부서져라 어루만져서
마법 풀어내듯
돌꽃을 살려내네
돌이 꽃미소로 웃네
세상의 꽃들 피었다가 이내 시드는데
돌꽃은 영원히 살아 있다네
신神이 피워주신 꽃이라 하네
내 안에도 돌꽃 같은 꽃송이
들어 있을까

뉘 있어 내 안의 마음꽃 피우게
해줄까
천 년 언 듯 얼음산 같은 마음
녹을 기미 없는 듯한 언 마음속에
불꽃을 피워내 줄 이 없는가 있는가
돌도 꽃을 피워내 주는 이 있는데….

은빛 사랑의 꿈

그리 눈부시고 찬란한 젊은 날의
세월이 아니었음에도

정열과 그리움은
날카로운 이성理性과 지성知性을
곤두박질시키고
깊은 고통과 회한 응어리진 상흔의 그늘을 새기었어도
마음의 정수리에 남아 있는 본디의 선의善意는
긴 세월 가도 다시 설렘으로
살아서 다가오느니
'학은 늙어도 나는飛翔 것은 오히려 상쾌하다' 했듯이
몸은 무겁고 삭신은 쇠잔해 갈지라도
당당한 기품과 정신의 명쾌와
심령의 정열로 열정을 다하여
고결高潔하게 다진 의지를 모두어
하느님과 이웃을 위하여
또 우리 서로를 위하여
회한과 상흔은 용서의 세례로 씻고
지치고 허망한 마른 풀 같은 사랑이 아닌
푸른 생명의 강이 되고 바다가 되는 사랑

영원한 즐거움이요 환희가 되는 진리로
하늘 행복으로 가는 사랑 위하여

황홀한 노을처럼 아름답게
빛나는 청춘처럼 저 높은 이상
영원한 것들의 희망 품고

어깨 펴고 고개 들어
학처럼 고고高高한 마음의
날개를 펴시어서
영광의 영토 신국神國을
향하여

사랑의 나라 임금님 예수 그리스도
신神을 향하여
날아가시옵시다요.

— 어떤 이를 위하여 지어준 詩

제4부

봄의 추억

봄이 되면
산에 들에
피어나는 꽃보다
그대와 함께한 추억이
꽃보다 더 화사하게 봄의 향기 어리어
내 안에서 미소로 피어납니다

봄이 되면
그 봄의 바다도 꿈꾸는 꽃으로 피어나
꽃편지를 내게 보내옵니다

봄이 되면
그 동구 밖 곁 시냇물 위에 떨어져
떠있던 붉은 정열 동백꽃도
그리움 안은 채 이끼낀 돌팎 주위를
맴돌며 외로워서 머물고 있는 모습 아련하고

봄이 되면
봄 무덤가 보라색 제비꽃, 솜털 보송한
허리 굽은 할미꽃 드문드문 피어난 길
유난히 즐겨 걷던 일, 아련한 꽃무리로 떠오르고

봄비 맞으며 한벽루에 올라 꽃시詩 한 수
정취어린 꽃바람에 흩날린 일 아련히
아련히 아른거린다

봄에는
사람도 꽃이 된다

봄 바다 위의 하얀 배는
사람꽃을 싣고
희망의 닻을 올려 삶의 항해를
출발합니다

나도
이제는
화사한 그리움 속 쓸쓸함도
꽃처럼 보듬어 안고

남은 계절의 생生을
뜨겁고 붉게 붉게
물들어 가야겠습니다
동백꽃보다 더 붉게.

무궁화꽃 한 송이 떨어지다
– 故 노무현 대통령님 영전에

故 노무현 대통령님!

당신은 지금 어디에 계시옵니까?
'슬퍼하지 마라.' '원망하지 마라!'
'삶과 죽음이 자연의 한 조각이다.'
시詩 같은 말씀 남기시고…

그러한 기막힌 죽음을 택하신 고뇌셨습니까!
얼마나 힘겨우셨습니까
무슨 생각을 하시면서 아픈 몸을 날리셨습니까
아무도 대신해 줄 수 없는 고통
견딜 수 없는 수모감
투명한 공명심과 강한 도덕성의 상처에
자존감이 죽으셨으니 살아 계신들 의미없다 여기셨습니까

홀로 안은 고통을 알지 못함에, 함께 해드리지 못함에
대한민국의 국민으로서 시민으로서
죄송하고 아프고 부끄럽습니다.

1946년 지독한 가난 속에 태어나
남다른 노력으로 사법고시에 합격하시고
정치에 나아가 펼치렸던 꿈은

배고픈 사람 없게
집 없는 사람 없게

삶이 힘들어 자살하는 사람 없이
희망을 꿈꾸는 신명나는 나라 만들어
함께 모두가 더불어 잘살고 행복한,
사람다운 삶 하는 인권의 세상
잘살고 못사는 지역 없는
골고루 발전하는 나라
비만한 심장 살 빼고
팔다리도 건강하게 만들려는 노력처럼
비대한 수도권 살빼어 지방도 발전되는 나라 만들려고
방탄 갑옷 같은 권위
벗어던지려고 애쓰시고
몸으로 부딪쳐 투쟁하셨었는데
우리도 의식과 몸짓으로
함께하지 못했음을
미안합니다.

꽃잎처럼 부서지고 떨어질 때
받아들이지 못해서
더욱 미안합니다.

불행한 죽음이었을손
부숴지고 떨어진 당신의 살과 뼈에 새겨진 뜻과 얼을
우리 모두 한 조각 한 조각 받아 안아
가슴에 비석 세워 새겨넣어
다시 살려 이어가
균형과 조화로운 발전 꽃피우는 일
해나갈 것 다짐합니다.

당신에 대한 애도와 추모의 정을 만장 깃발로만 아니라
가슴에 길이 길이 새겨서 살아가면서 잊지 않고
따라 실천할 힘이 되게 하리이다.
미안합니다.

당신은 성취한 기득권을 누릴 수도 있었건만
국민의 편에 서서 초심을 잃지 않고
온몸의 열정을 쏟으셨는데

가신 다음에야
수천 명이면 뭣하고
수백만 명이면 뭣합니까!
당신의 고통의 죽음에

한 사람도
한 발자국도

가까이 가서 받쳐드리지 못했습니다.
제대로 된 민주주의
계층 간의, 지역 간의 불균형, 정경유착의 병폐, 부숴뜨리려고
계란으로 바위치기처럼 부딪쳤다가
깨진 계란 같으신 임이시여!
우직하고 바위처럼 용감하면서도
여리고 순박하고 눈물도 감추지 않는 순진하고 소탈하셨음에
한사코 우리 마음을 당신께로 향하게 합니다.

여과하지 않는 언행으로 지탄과
탄핵의 난관도 있었으나
잘 극복하시고 오뚝이처럼 우뚝 서셨습니다.

인간미 넘치고 매력적이었던 임이시여
우리는 항상 한발 늦게사 알아차리는가 봅니다.

그래도 당신 같은 대통령이 계셨기에 행복했던 시간이었다는 것을…

고맙습니다.

故 노무현 대통령님!

몸은 비록 봉화산 부엉이 바위에서 붉은 동백꽃송이처럼

떨어지셨으나

동백꽃보다 더 붉은 얼과 혼은 우리를 떠나지 않으셨을 지도 모르겠습니다.

사람 사는 세상 만드는 일 미진하고 그리워서…

더불어 살고 싶으셔서…

몸으로 안 되니

몸을 부숴뜨려서라도

얼과 혼으로라도

더불어 함께하시려는 뜻이셨겠지 싶습니다.

당신을 대통령으로서,

인간으로서 좋아하고

사랑한 국민의 애통과 비통을

국가의 장의 의례로만은 안 되겠기에,

당신을 보내기가 너무 아쉽기에
상한 꽃잎마저도 놓기 슬퍼서
꽃상여차 붙잡고
길에서 춤과 시와 노래로 울며 오열합니다.

평소에 임께서 좋아하시던 노란색으로
노란 풍선, 노란 종이비행기 만들어 마음 전하고
풍등 띄워 하늘 가시는 길 밝혀드려 위로해 드리고자
온갖 몸짓 다해 보아도 애통하는 마음은
가실 길이 없나이다.
'내가 대통령이 아니라 국민이 대통령이다.'
'바보 대통령이 가장 맘에 들고 듣기 좋다.'고
잘생긴 모습은 아니셨어도
소탈하게 웃고 유머있는 몸짓

1년 전 고향 봉화마을에 내려가
오래 그곳에 살았던 시골 농부 같은 모습
아기에게 줄 듯한 사탕을 홀딱 당신 입 속에
넣으시며 웃는 모습!
밀짚모자 쓰시고 손녀를 자전거 뒤에 태우고 달리는
영락없는 시골 할아버지 모습

풀밭에 털석 주저앉아 흙 들어간 운동화 털털 터는 모습 등
소박하시고, 마음 편한 생활모습 TV 화면 동영상으로 보고
친근한 말소리 육성으로 듣기도 했는데
이게 웬말입니까?!

당신의 서거 소식 꿈만 같고
당신의 장례식 추모 노제 지내는 것 하루 종일 보면서도
고개들어 하늘을 보면서도
당신의 죽음이 아직도 실감나지도 믿기지도 않습니다.
'사람의 목숨이 풀잎에 맺혀진 아침이슬같이 덧없어라.'
'사람아! 너는 흙이니 흙으로 돌아갈 것을 생각하라.'
문득 다시 기억해 봅니다.

주 하나님!
자비를 베푸시어 그분을 품에 안아 받아 주시옵소서
아! 노무현님이시여
수고하고 영욕의 무거우셨던 짐 내려놓으시고
영원한 본향에서
편안히 쉬시옵소서.

아! 노무현님이시여
당신은 가셨어도
우리는 당신을 보내지 않았습니다.

시민의 한 사람 雪松 김금재

아침에 드리는 찬미가

새 아침입니다.
태양은 또다시 새로운 생명의
찬란한 빛으로 떠올랐습니다.

온 세상에
생기의 빛살을 가득히
흰 꽃가루처럼 뿌려줍니다.

하느님의 자비로운 손길에
눈떠 노래하라고
오늘
또다시 눈뜨고
살아있다는 것

숨 쉬며

얼마나 황홀하고 찬란한가!

새벽 아침에
싱싱하고 청순한 공기를
유감없이 들이킬 수 있음이

산자락의 시원하고
신선한 바람은 온몸에 휘감기고

창 밖 숲에서는
이름 모를 예쁜 작은 새들이
기상 나팔수처럼
잠깨우는 노랫소리 들려주고
밖에서는 사람들의
생기찬 말소리 들리고
박쥐 날개 같은
캄캄한 어두운 밤은
그 빛과 힘을 잃어버리고
물러가고
어디로 갔는지 몰라도
머얼리 사라지고

하나님의 자녀들
세상사람들
일어나라고
그분의 사랑과 돌보심에
찬미가를 부르라고
사랑스런 하루를 보내라고

나뭇가지 가지마다
그분의 빛나심으로
윤기 흐르며 살랑대고

작열하는 태양 속에
그분의 힘있는 열정과 시선이 있고
논밭의 이슬 맺힌 곡식과 채소, 풀잎들에는
그분의 자상한 자비가 스며있네
하나님
우리에게 일용할 양식을 주시네

이 아침에
주님을 찬미하는 노래 부르리
새 하루를 주심에 감사드리네
'Lord Near'
주님의 굳센 팔로
우리를 붙들어 주시리라
주님의 섬세한 손길로
우리를 보살펴 주시리라
오늘 하루를

바다에서 배우라

바다에서 배우라
내 마음이여
'들뢰즈'의 말대로
바다는
어떤 관념도
사상과
욕망도
파도로 펼치다가도
이내
푸른 지우개처럼
소멸시켜서 잔잔한 수평으로
돌아간다 하지 않는가

마음에 솟아오르는 기쁨과, 슬픔의 푸른 피
얼룩진 추억과 역사
붉은 피 하얀 피로 응어리진 한숨
바다처럼 지우기를

바다에서 배우라
내 마음이여
바다는 파도가 묻히는 무덤

침묵이란다.
'텅 빈 것'에의 끝없는 그리움 때문

생의 소란을
불가사리 같은 욕망을 가라앉히기를
빈 충만에의 순수한 사랑 때문

바다에서 배우라
내 마음이여
생生의 모든 것을 빈 항아리 속처럼 비워서
원초의 대지처럼 되돌려
싱싱한 초록색 파도들이 생겨난다 하듯이

욕망과 해파리 같은 회억과 상처
바다처럼 지우라

원시의 푸르름으로
영혼이 탄생하게

꽃

꽃아 꽃아
예쁘고 예쁜 꽃들아 꽃들아!
너는 누구의 축복으로 피어났기에
어찌 그리 예쁜고녀
보고 또 보아도
멋지고 아름다운 모습이구나

너를 보면 소롯이 꽃 피듯 피어나고
꽃물 스며 젖어 오누나

꽃 피우려 소란떨지도 않고
눈보라 비바람도 아랑곳하지 않고
안으로 의지 다져 조용히 피어나
온 세상 화사하게
설레는 기쁨 기쁨 주는구나

아리땁기도 소박하기도 한 연둣빛 이파리들 얇은사 분홍 노랑 무지갯빛 비단천 같은 네 꽃잎 살결이여

아니면
어떤 아름다운 사람들이 죽어
꽃으로 피어났는가

말로는 다하지 못할 그리움의
언어들을 대신하여
나름의 의미를 향기로 전하는가

향기마저 제각기 향기로웁고
하나같이 선명한 빛깔들로
아름답구나 사랑스럽구나

아니면
꽃 너는
지상에 내려온 하늘 천사들의
다른 모습이런가
평화, 화해, 위로, 축하, 행복
마음의 눈물 닦아주는
꽃물든 손수건이다.

도무지 시샘이라고는 모르는
너의 순수의 아름다움은
꽃마음으로 살기를
일깨우느라
꽃아 꽃아 예쁘고 예쁜 꽃들아

일상의 오아시스

하늘의 별보다 더 많은
말씀이 우리 곁에 있습니다

출렁이는 바다의 파도꽃송이처럼
우리 마음에 詩와 노래로 울립니다
나무와 꽃들처럼
바람과 향기로 스며옵니다

온통 홍수 같은 소음
구름 같은 카오스의 일상 속에서
정신 가다듬으며 소라귀처럼 열어놓은
은밀한 마음의 귓속으로
조용히 들려옵니다

세미한 말씀이어도 또렷이 별화살이 되어
바람에 젖어
한 줄기 빛살이 되고
저자 속의 시원한 정화샘되어
심성이 다시 맑아집니다
길을 만납니다
기운내게 하는 말씀이여
대낮에도 별이 총총 빛납니다.

망초꽃

망초
계절의 여왕이라 찬사받는
오월에
화려한 여왕 같은 모습으로 자태하는
붉은 장미꽃에 치일 듯도 하다마는

망초
'작은 것이 아름답다'
너를 두고 일컫는가
귀족처럼
몸둘 곳 가림하지 않고
산에 들에 풀밭에, 척박한 땅에도
흐드러지게 피어나기에
개망초로도 불리는 너

가녀린 큰 키에 연초록색 제비 꼬리 같은 이파리
욕심없이 드문드문 달려 있고

예쁘고 해맑은 귀여움
앙징스런 작은 햇살 아가 얼굴 같은
하얀 꽃잎을
피우고 피워내는 너

살랑거리는 바람에 한들거리는
청초하고 아스라한 네 모습

작은 기쁨의 천사 대하듯 설렌다
하얀 미소의 요정 보듯 행복하다

너와 마주서면
누리에 아픔과 서러움 넘쳐도
혼에까지 스며드는 신선한 생기여…

망초
내겐 작은 희망과 생명의 망울꽃이어니

개망초
지천으로 피어 천대받는 흔해빠진
꽃이로서니
내겐 흰빛 아름다움의 은하수 무리 같은
네 모습들

뉘 뭐라 한들
너는 순수의 웃음이다
너는 민초다

대수롭잖아 알아주는 이 없고
짓밟히고 여려도 강인한
너
망초꽃들이여!

남은 인생

남은 인생
조용히 사랑하고 공기처럼
조용히 순종하고 교회 가르침에 양처럼
조용히 기도하고 숨처럼
조용하고 정직하게 증거하고 진리를 작은 새처럼
너그러이 생각하고 말하고 강물처럼
깊은 인상을 남기려 하지 않고 남에게 돌 조각상처럼
똑똑한 자인 것처럼 보이지 말게 하소서 들꽃처럼
오! 하느님 아버지
우리 가운데
한 어린이를 보내주셨으니 아기 예수님
저를 어린이로 거듭되게 해주시고
아기 예수님처럼
순수한 나이 든 어린이가 되게 하여 주소서 아멘

— 박재완 신부 詩글에 내 생각을 더해서 써 봄.

기도

기도하는 곳에 축복이 있고
기도하는 곳에 희망이 있네
형제여 모여와 기도하세
자매여 모여와 기도하세
기도하는 곳에 성공 있고
기도하는 곳에 건강이 있네
기도하는 곳에 행복이 있고
기도하는 곳에 평화가 길이 있네.

들국화

너는 고독하게 살다가
아름다이 죽은 어느 이름 모를 소녀의 넋을 닮아
그리도 애잔한 미소인가

가을날 흰 구름 떠오는 수풀 속에 무슨 꿈을 꾸며
고즈넉이 피어나서
끝 모르게
가슴 가득히 고여오는 사모의 정情
하얀 순결의 향기로 삭이는가

서러운 넋의 여운은
별빛 닮은 미소로 바람결에 날리고

눈(雪)빛처럼 하얀 네 볼에서는
애련한 사랑스러움 흐르네

가을엔 바람 날란다

봄날엔
그 환장하게 찬란한 봄날엔
땅의 애인처럼 달라붙어
변절없을 민들레도
바람이 나서 바람이 나서
그리움 흩뿌리러
돌아올 기약없이 날아가 버린다
얌전한 새아씨 같은
푸른 잎들도
그 봄앓이를 하다 가슴까지 붉게 타버려
나무집 버리고
바람이 나서 바람이 나서
정처없이 바람 속으로 소리없이
떠나간다
아!
나도 가을엔
뉘 만나실지 모르겠어도
타버리다 못해 하얀 피 꽃 가슴 되어
꽃향기 품고서 바람 날란다

바람처럼
가을바람처럼
바람 날개 타고
바람 날란다

앉은뱅이 그리움 떨치고

가을엔 가을바람처럼
빨간 약 바른 낙엽가슴처럼
바람 날란다

바람나 버릴란다
나도!

아프리카 봉숭아

그대
아시지 못하는 그 먼 곳에서
그리움 키워가는 마음

시간과
강, 바다 건너고
철길 지나

당신의
뜰 밖
담벼락 곁에 서서
빨갛게 얼굴 붉히기도
하얗게 사위기도

아시는지요
뚜욱 뚝 붉은 꽃잎
하릴없이 떨구는 것을

저녁 노을
긴 그림자
꽃잎 쓰다듬어 주지요

내 마음
당신 가슴에 닿지 못할 양이면
당신의 손톱 끝에라도
빨갛게 빨갛게
물들여졌으면

하얀 조개등이
지는 해 예쁘게 물들여 주듯이…

가을 커피 한잔

찬란하고 화려하면서도 쓸쓸한
늦가을 그림자 짙어가는 황혼 무렵에

노오란 은행 이파리 떨어지는 시골의 오솔길 켠
허름한 붉은 지붕의 카페에서
창가에 기대어 앉아
갈색 진한 뜨거운 커피 한잔을 마시고 싶다
붉은 감빛 도는 황혼의 아름다운 노을빛까지 담아
창가엔 노오란 커튼이 가을나비 날개치듯 펼쳐져 있고
잔잔한
옛 시인의 노래 들으며
떠나간 아름다운 이들을 생각하며
달콤하고 향기로운 추억도 음미하며
쓰라리고 아린 삶도 되마시며
아름다운 붉은 장미꽃 새겨진
예쁘고 작은 커피 잔에
삶이 어우러진
쓰면서도 달콤하나 맛있는 낙엽 색깔의 뜨거운 커피 한잔
마시고 싶다
이 가을엔
그 뜨거운 커피가

실핏줄까지 타고 들어와
온몸에 젖어올 때까지
그리고
나도
아무 말도 하지 않으련다.
이 가을엔

김금재 제5시집
초연한 사랑

인 쇄 2009년 9월 25일
발 행 2009년 10월 15일

저 자 김 금 재
발 행 인 서 정 환
발 행 처 신아출판사

출판등록 1984년 8월 17일 28호
주 소 전주시 완산구 태평동 251-30
전 화 (063)275-4000, 252-5633
팩 스 (063)274-3131
메 일 sina321@hanmail.net

값 8,000원

ISBN 978-89-5925-607-5 03810